Niels Kopf

Wollen Sie sich verändern?

6 Ansprachen in besseren Gesellschaften

W0069448

Inhaltsverzeichnis

Mein Opfer für die Gesellschaft

Ich kann Ihnen sagen, ich habe es satt. Ich habe es wirklich satt, dass immer alle von mir wissen wollen, wann ich denn anfangen würde, meine Fähigkeiten und Anlagen entsprechend einzusetzen. Um Karriere zu machen, Erfolg zu haben, reich zu werden, ein Haus zu bauen und so.

Meine Freunde haben das alles längst getan. Der eine ist Direktor bei einer Bank, nicht wirklich der oberste, aber doch ziemlich weit oben, der andere Prokurist in einer Sportgerätefabrik, und sogar Levzek, der stille Levzek, den während der Schulzeit jeder für zu sensibel hielt zum Geldverdienen, sogar Leszek hat studiert. Er ist heute Jurist bei der Gemeinde, hat Familie, ein Haus auf dem Land und angeblich eine Vorliebe für Antiquitäten, bitte, da muss einer schon gut verdienen für so ein Hobby.

Ich selbst habe so etwas nicht. Ich habe

die Wohnung von Mamà, nicht groß, aber komplett möbliert, fast überkomplett muss man sagen, und seinerzeit von ihr noch neu tapeziert, im letzten Jahr, als sie noch lebte. Die Wohnung kostet nicht viel und ist leicht zu heizen. So komm ich schon durch, weil ich nicht viel Aufwand treibe und kaum Leute einlade, auch Mädchen nicht, praktisch nie, man wird ja als Junggeselle oft genug eingeladen von Frauen, wenn man sich aus sowas was macht, Sie wissen schon, was ich meine. Aber ich brauche das nicht, zumindest nicht oft. Frauen hängen sich immer gleich an, bei mir ist das so, ich weiß selbst nicht, warum.

Natürlich bin ich ein interessanter Typ, das merkt eine Frau sofort! Ich habe Talent für alles Mögliche! Mir fällt jetzt kein Beispiel ein, aber es ist so. Was mir fehlt, ist lediglich das Interesse. Meine Ambition hält mit meiner Begabung nicht Schritt, das ist es. Ich hab´s ja versucht, ich habe Verschiedenes anfangen wollen, Tätigkeiten, Arbeiten vielleicht, oder Musik, sogar als Beruf.

Aber ich habe wieder aufgehört damit.

Ich halte nichts davon, mich zu vergewaltigen, ich glaube nicht, dass ich das tun sollte. Es würde mein Talent zerstören, meine Begabung, die ich habe für so Vieles.

Im Warteraum der Hochjochseilbahn bin ich einmal einem Mädchen begegnet, das war ähnlich wie ich. Ich habe nie jemandem von dieser Begegnung erzählt, aber ich habe sie nicht vergessen. Wir haben uns sofort für einander interessiert, beide, das war deutlich zu spüren. Sie hat mich angesehen, mehrmals, und gewartet, dass ich sie ansprechen würde. Es war interessant, aber es hätte zu nichts geführt. Man weiß nicht, wie man ist, wenn man sich plötzlich engagiert, man weiß es nicht und ich will's gar nicht wissen.

Aber jetzt möchte ich Ihnen endlich die Geschichte erzählen, die ich die ganze Zeit über erzählen will, den Ärger, den ich in den letzten Wochen hatte, und wie mühsam es war, wieder zur Ruhe zu kommen.

Ich arbeite für eine kleine Bürstenfabrik, nicht viel, aber doch, so ein bis zwei Tage pro Woche. Ich habe ein kleines Gebiet mit Gebietsschutz, zwei Bezirke am Stadtrand, nicht weit voneinander entfernt, man kann alles gut mit dem Bus erreichen. Ich zeige den Händlern den Musterkoffer, der ist nicht so schwer, und die Leute bestellen, wenn sie was brauchen. Das Geschäft geht recht gut, wenn man bedenkt, wie klein das Gebiet ist und wie wenig ich mich bemühe. Aber vielleicht gefällt das den Leuten, dass ich nicht lästig bin. Die Stelle hat mir ein Schulfreund verschafft, der in der Firma Verkaufsleiter ist für das ganze Bundesgebiet, ein Wichtigtuer, der sich gerne um andere bemüht, von mir aus, na soll er.

Wie ich nun vor ein paar Wochen dort war zur Abrechnung im Büro, da hat mich dieser Mensch bearbeitet, ich kann Ihnen gar nicht sagen wie! Ich wäre so »verkaufsbegabt« und so beliebt bei den Kunden! Ich könnte die ganze Stadt übernehmen und sogar den Firmenwagen benützen. Und ich könnte verdienen, soviel ich nur wollte.
Na bitte, ich denk´ doch nicht dran!

Abends haben wir uns dann wieder getroffen, auf ein Glas Wein. Da waren dann auch die anderen da, Bekannte, mit denen man ab und zu ein Glas trinkt. Und alle haben mir zugeredet, ich solle doch annehmen, das wäre die Chance, und sie alle würden erwarten, dass ich zustimmen würde.

Zum Teufel, ich will nicht! Ich will nicht, dass man Erwartungen setzt in mich. Ich will niemandem Hoffnungen machen, und ich will nicht, dass mir irgendwer eine Chance gibt. Ich bin ausgelastet mit mir selber und will meine Ruhe haben. Das habe ich gesagt und damit basta.

Ich habe gar nicht gewusst, wie sehr so ein Standpunkt die Leute beunruhigt! Wie sprachlos sie sind oder wie böse! Und wie neidisch! Als ob sie verstehen würden, was man ihnen voraus hat damit: eine Position, die sie niemals erreichen können. Wie früher die Aristokraten eine Position hatten, die andere niemals erreichen konnten. Oder als ob man geerbt hätte, eine Million, hundert Millionen! Oder gewonnen im Lotto.

Also ich habe abgelehnt und dabei bleibt es.

Die Sekretärin der Firma heißt Trude. Sie ist nicht unhübsch, ein bisschen rundlich vielleicht, mit großem Busen und schön ordinärem Gesicht. Die Trude ist hinter mir her, natürlich, das weiß ich, ich bin doch nicht blöd. Ich muss Ihnen sagen, ich mach´ mir nicht viel aus der Trude. Aber ich muss zugeben, ich habe mir gedacht, vorgestern, wenn sie gern will, warum nicht, so ein- oder zweimal, ich krieg´ sie schon wieder los.

So bin ich also hingegangen zu ihr ins Büro, und weil sie allein war hinter dem Schreibtisch, hab´ ich ihr gleich gesagt, sie soll mir nichts vormachen, ich weiß schon, ich gefall´ ihr und ich hab´ abends Zeit. Aber die Trude hat abgelehnt, das Luder! Sie hat einen Freund, sagt sie. Na, soll sie, von mir aus, dann eben nicht.

Wie die Trude abgelehnt hat, hab´ ich gesagt, es wäre nur Spaß, ich hätte gar keine Zeit, und ich will eigentlich nur einen Kaffee. Die Trude hat dumm die Augen verdreht und geseufzt und ist dann nach nebenan gegangen zur Espressomaschine. Dann ist der Buchhalter hereingekommen mit einem dicken Pack Geldscheine in der Hand und hat den Tresor aufgesperrt. In diesem Moment hat die Trude nebenan aufgeschrien, weil sie sich verbrüht hat mit der Kaffeemaschine, am Arm. Und der Buchhalter, der in die Trude verliebt ist, das weiß ich, hat das Geld einfach auf die Zeitungsablage gelegt und ist der Trude zu Hilfe geeilt. Ich hab's genau gehört: »Ja was ist denn geschehen mit dem Händchen« und Handküsschen da und Handküsschen dort. Da hab´ ich währenddessen eine Zeitung auf die Banknoten gelegt, weil die doch nicht so frei herumliegen sollen!

Dann sind die beiden zurückgekommen, die Trude hat auf den blöden Kaffee geschimpft, der Buchhalter hat ihre Hand gestreichelt und dann einfach den Tresor zugesperrt. Als ob er das Geld schon hineingelegt hätte!

Die Trude hat gejammert, und der Buchhalter ist endlich abgezogen. Ich hab´ gesagt, es wär´ mir egal wegen des Kaffees und ich hab´ jetzt zu tun. Dann hab´ ich so nebenbei die Zeitung genommen, in der das Geld drinnen war, und bin gegangen. Die Trude glaubt wahrscheinlich, dass ich jetzt eifersüchtig bin auf ihren Freund oder den Buchhalter, aber das ist mir so egal, ich kann Ihnen gar nicht sagen, wie!

Mit dem Geld war ich abends im Casino und hab´ zu den 16.000 aus dem Büro noch 34.000 dazu gewonnen. Ich verstehe nicht viel von Roulette, aber das war, glaub´ ich, schon recht geschickt.

Am nächsten Tag war ich wieder im Büro. War das eine Stimmung! Schrecklich!

Die Trude war ganz verheult, ich hab´ gefragt, was los ist, und hab´ währenddessen so nebenbei und ganz unbemerkt die 16.000 wieder auf die Zeitungsablage gelegt. So halb verdeckt mit der Zeitung, damit man´s nicht so leicht sieht. Dann ist die Chefin gekommen mit dem Verkaufsleiter, sie haben gar nicht gegrüßt, sondern nur ganz laut von den wirtschaftlichen Schwierigkeiten der Firma gesprochen. Da hab´ ich auf die Zeitungsablage gezeigt und gesagt: »Dann soll man aber so viel Geld nicht zu unachtsam herumliegen lassen, bitte, soviel Geld.«

War das ein Hallo!

Ich bin jetzt mit 30.000 Euro an unserer Firma beteiligt. Für die Plastik-Extruder-Hochdruckmaschine, die diese modernen Griffe für die Flaschenreiniger macht. Die altmodischen Holzdinger waren ja kaum mehr zu verkaufen!

Wenn ich jetzt in die Firma komme, kocht mir die Edith Kaffee. Die Edith ist die Chefin. Mit der Trude und dem Verkaufsleiter bin ich wieder per Sie.

Also ehrlich: Von mir aus wäre das Ganze nicht notwendig gewesen. Aber wenn alle dich immer bedrängen, dass du was leisten sollst und Erfolg haben musst oder so, bitte sehr, mir ist es egal.

Es war früher nicht schlecht und es ist jetzt ja auch nicht so schlecht, nicht wahr?

Anleitung zum Selbermachen

Man kann sich seine Eltern nicht aussuchen, verdammt noch einmal! Und das ist gleich der erste Betrug, dem man ausgesetzt ist im Leben. Und dann der zweite: Das Sternzeichen, das doch unser ganzes Leben bestimmt. Wer will schon Wassermann sein mit Neptun im Aszendenten, wenn es auch Löwe gibt mit Merkur oder Venus. Und schließlich der Name, den man verpasst kriegt, weil ihn die Eltern gelesen haben, irgendwo in einem Journal, oder am Rauchfangkehrer-Kalender, der immer aufgeklebt war, bei uns zu Hause am Klo.

Man kommt also zur Welt und wird gleich dreimal betrogen, gleich zu Beginn. Glauben Sie mir, ich jammere nicht, ich weiß, was ich sage.

Meine Eltern waren ehrliche Leute, bemüht, anständig durchzukommen, und hässlicher kann man es gar nicht sagen. Sicherlich, andere sind möglicherweise noch schlechter dran. Aber es gibt ja auch reiche Leute, solche, die sich nicht plagen müssen im Leben, und deren Kindern das Glück in den Schoß fällt. Warum nur den anderen, warum niemals mir? Und dann, ich hab's schon gesagt, das Sternzeichen. Sie wissen doch: Napoleon war Löwe mit Waage-Aszendenten, Onassis war Steinbock mit Jupiter im Stier. Ich bin Wassermann mit Neptun, was kann da schon werden? Und was kann ich dafür?

Und schließlich der Name: Ich heiße Fidel, Fidel Dworschak. So eine Scheiße.

So, jetzt habe ich mir alles vom Herzen geredet und jetzt kann ich Ihnen erzählen, wie man mit solchen Voraussetzungen fertig wird, wie man nicht aufgibt und sich nicht einfügt im Leben.

Glauben Sie mir, es gibt Zustände, da ist jede Veränderung eine Verbesserung. Deshalb habe ich immer gewusst, ich mach´ was dagegen, das hab´ ich gewusst, so ab fünfzehn. Ich hab´ mir nur Zeit gelassen. Mir läuft nichts davon, war mein Standpunkt. Und so war es dann auch.

Jetzt bin ich bald vierzig und ich stehe ganz anders da. Und ich will Ihnen gerne erzählen, warum.

Ich bin in der Bahnstraße aufgewachsen, in A., einer Kleinstadt, die man wirklich vergessen kann. Bahnstraße heißt, dass sie entlang der Bahn führt, nicht einmal direkt zum Bahnhof. Meine Eltern haben sich dort ein Haus gebaut, praktisch, mit viel Do it yourself, wie man sagt. Das Haus war grau, weil grau nicht so schnell schmutzt, und das Lebensziel meiner Eltern. Das Haus, und dass ich was werde im Leben. Das waren die Ziele, und beides wurde erreicht. Dass ich nicht lache!

Nach der Mittelschule habe ich eine Stelle bekommen im Fremdenverkehrsamt der Stadt. Das klingt gut, war schlecht bezahlt, aber nicht anstrengend, weil es ja kaum Fremdenverkehr gibt hier bei uns. Trotzdem musste man Auskunft geben, man konnte Prospekte verteilen und bei der Zimmerempfehlung ein bisschen schieben, nicht, weil man bestochen war, sondern einfach nur so. Das wissen die Leute,

die Gasthofbesitzer und die Privatzimmerver-
mieter, deshalb wird man gegrüßt und ist wer,
eigentlich mehr, als man in Wirklichkeit ist bei
dem Job.

Ich war immer ein Anzug-Typ, so mit
Sakko und Krawatte, auch wenn es heiß war
im Sommer. Ich hätte mich auch sportlich geben können, modisch, mit feinem Leder-Sacco
oder so. Aber erstens bin ich nicht sportlich,
zweitens ist modisch viel teurer und drittens
vertritt man ja seine Stadt bei so einem Amt.
Da sind Krawatte und Anzug sicherlich richtig, würdevoller, gewichtiger irgendwie.

Am Anfang hab´ ich mich schon gefreut
über diesen Job. Es war eine sichere Stelle, re-
präsentativ, und anfangs hab´ ich auch etwas
gemacht, Initiativen gesetzt sozusagen: Ich hab´
den Prospekt neu gestaltet, mit Farbfotos, einer
Wanderwegkarte und Anzeigen von den Gast-
höfen. Dann hab´ ich das Aufstellen der Bän-
ke empfohlen in der Grünanlage beim Bahnhof, das hat sich durchaus bewährt, dort sitzt
manchmal wirklich wer, zumindest die Bahn-
schüler. Dann hab´ ich Artikel geschrieben in

der Bezirkszeitung, zwei oder drei Mal, sogar über die Geschichte der Stadt, das lernt man ja in der Schule, das ist wirklich nicht schwer.

Im Sommer hab´ ich meist eine Hilfe gehabt, irgendein Mädchen, da war es dann lustiger und ich war der Chef. Nicht, dass ich das ausgenützt hätte für Kontakte und so, soviel mach ich mir gar nicht aus Frauen. Aber es war doch recht angenehm, so ein Mädchen im Trachtenkostüm bei sich sitzen zu haben, Chef spielen zu können, wenn Kunden am Schaltertisch stehen, und weggehen zu können auf einen Kaffee, auch während der Dienstzeit. Das war schon recht praktisch. Aber angefangen hab´ ich mir nie etwas mit denen.

Mein Sexualleben war sowieso ausgelastet, auch wenn nicht viel los war. Ich hab´ immer dieselbe Freundin gehabt, die Hermine, ein bisschen älter als ich, aber schlank, da sieht man's nicht so. Sie hat das Espressocafé geführt neben dem Stadtamt. Wir haben uns meistens am Samstag getroffen, immer am Abend bei ihr in der Wohnung, das war ihr am liebsten, da sieht dich niemand und es kostet nicht viel. Die Hermine hat gekocht, den Wein hat sie aus dem Espresso mitgebracht, da hat sie ihn billiger an der Hand. Ich bin während dessen beim Fernseher gesessen und hab ab und zu irgendwas in die Küche gerufen, damit ich Interesse zeige und sie nicht enttäuscht ist. Nach dem Essen haben wir uns geliebt, meist gleich auf der Couch vor dem Fernsehgerät. Die Hermine war immer zufrieden nachher, nur manchmal hat sie geweint und sich angeschmiegt, als ob sie mehr wollte. Dann hab ich sie gestreichelt, nicht viel gesagt sondern ruhig zugehört, schließlich gegähnt und ausgetrunken. Geschlafen hab´ ich fast nie bei ihr, das wollte ich nicht, ich bin doch mein eigenes Bett gewohnt und mein Badezimmer, und ich hab´ ja auch den Rasierer zuhause.

Einmal haben wir Pläne gemacht, dass wir gemeinsam Urlaub machen, aber wir haben nicht wirklich besprochen, wo, und so ist nichts geworden daraus. Und einmal hab´ ich sie auf eine Dienstreise mitgenommen, zwei Tage, auf die Fremdenverkehrsmesse nach München. Das hat nichts gekostet oder kaum was. Die Hermine hat sich tagsüber die Stadt angesehen oder blieb im Hotel, ich war auf der Messe und hab bei den Reisebüros meine Prospekte verteilt. Aber ich hab´ nur mit dem Standpersonal gesprochen, nicht mit den Chefs, und so ist nicht viel herausgekommen dabei. Abends sind wir dann essen gegangen, die Hermine und ich, in München isst man ja gut, wenn man weiß, wo. Da hab´ ich sogar zwei Kollegen mitgenommen, die ich von einer Schulung her kannte. Und Hermine war dann richtig der Mittelpunkt. Ich glaub´, wirklich gefallen hat sie den beiden nicht, aber als sie dann später ein wenig getrunken hatten, waren sie doch recht freundlich zu ihr. Jedenfalls war die Hermine ganz glücklich, sie hat wahrscheinlich gefühlt, ich zeige sie her und bin stolz auf sie. Sowas brauchen die Frauen, das weiß ich.

So hab´ ich gelebt und jetzt wissen Sie alles. Aber jetzt ist alles ganz anders, weil ich alles verändert hab´. Denn ich hab´ immer gewusst: So kann man nicht alt werden, als Fidel Dworschak, hier in der Bahnstraße. Nicht, weil ich höher hinaus wollte, sondern weil man das Leben nicht so akzeptieren darf, so wie es dir aufgepresst wird bei der Geburt. Und so war mir klar: Eines Tages geh´ ich es an und ziehe es durch. Das hab´ ich gewusst, das hat mich beruhigt, und das hab´ ich getan.

Angefangen hat alles mit dem Tod meiner Mutter. Der Vater war ja schon lange verstorben, und so war dieser Verlust für mich zwar schmerzlich, ergab aber auch eine ganz neue Chance: Ich war jetzt alleine, hatte keine Verwandtschaft, niemanden, der an mir Anteil nahm, aber auch niemanden, um den ich mich kümmern musste. Und ich hatte das Haus in der Bahnstraße, das war doch schon was.

Und das war auch das Erste, von dem ich mich trennte!

Ein Haus zu verkaufen ist gar nicht so schwierig: Zuerst hab´ ich das Mobiliar ausräumen lassen, für mich brauche ich nichts, auch keine Erinnerungen, ich hänge an nichts. Dann hab´ ich ausmalen lassen, da sieht man die Sprünge nicht im Verputz und es sieht sauberer aus. Dann hab´ ich verkauft. Und ich weiß jetzt: Je unansehnlicher so ein Haus ist, je ausdrucksloser die Straße und je bedeutungsloser die Gegend, desto schneller kriegt man es los. Die Leute sind so und wollen so leben, da passt alles zusammen, die Häuser und sie.

Dann hab´ ich das Geld eingezahlt, nicht bei der Genossenschaftsbank im Ort, da kennt man mich ja, da erfahren es alle. Ich hab´ ein Sparbuch eröffnet im Nachbarort bei einer Privatbank, sowas geht, das ist ganz legal.

Dann hab´ ich die Stelle gekündigt. Ich hab´ einfach gesagt, es wird mir zu viel und das Geld ist zu wenig. So etwas wirkt, da gibt´s kein Zurück, da überredet dich niemand zu bleiben, zumindest bei mir war das so.

Dann hab´ ich mir eine kleine Mietwohnung genommen, fix fertig möbliert, so wie sie war, hab´ mich hineingesetzt und erstmals nachgedacht: Was jetzt? Wie kommt man hier weg, ohne dass man wem fehlt, ohne dass jemand fragt oder nachforscht? Wie verwischt man die Spuren nach so vielen Jahren in so einer Stadt? Was macht man, um keine Erinnerung zu hinterlassen, bei Nachbarn, bei Freunden, bei der Hermine? Nichts hatte ich bisher so ernst genommen im Leben, wie diesen Plan. Ich wollte einfach verschwinden, und ich wollte niemandem fehlen, damit auch mir niemand fehlt. Ich wollte die Spuren verwischen, mein Bild verbleichen lassen, vergessen werden, vergessen, meine Wurzeln herausreißen ganz ohne Loch.

Man liest ja oft von Migranten, Leuten, die ihre Heimat mitschleppen, ihre Vergangenheit, ihre Herkunft. Und die deshalb leiden und unglücklich sind in ihrer neuen Umgebung. Und genau das wollte ich nicht. Das geht, wenn man sich richtig darauf einstellt und sorgfältig vorgeht. Da können Sie lernen von mir, wie man so etwas macht, wenn Sie's machen wollen, und warum sollten Sie nicht? Wie heißen Sie? Was sind Ihre Sternzeichen? Wer waren die Eltern? Und damit können Sie leben?

Das Nächste, was zu erledigen war, war das mit Hermine. Und das ging so: Die Hermine braucht immer jemanden, der sie braucht. Das weiß ich, das entspricht ihrem Typ. So hab´ ich, solange ich dort war, auch oft Probleme gezeigt, mich umsorgen lassen, bemuttern. Das wollte sie, es gibt diese Frauen, die darin den Daseinszweck sehen, dass sie sich kümmern können um jemanden. Das hat nichts mit Herzensgüte zu tun, sondern ist nur ein Tick, ein Trick, um Sinn zu finden im Leben. Und so war auch Hermine: Ein wenig sentimental und deshalb auch mütterlich, das hab ich gewusst, und damit hab ich gearbeitet, bis dahin auf diese Weise und ab jetzt eben anders:

Ich hab´ ihr den Dieter mitgebracht. Der Dieter hat wirklich Probleme, weiß Gott! Seine Freundin, die Lehrerin, hat ihn kürzlich verlassen, sein Job in der Stadtbibliothek wackelt, gesundheitlich geht's ihn nicht gut und im Schwimmbad lachen die Mädchen, so mager ist er.

Der Dieter war ein Fressen für die Hermine. Und ich war beleidigt und zog mich zurück. Das ist schneller gegangen, als ich gedacht hab´.

Ich hab´ noch eine Art Tante, eine Cousine der Mutter, in Ingolstadt. Wir hatten nicht wirklich Kontakt miteinander, eine Karte zu Weihnachten, das war alles. Aber immerhin: Sie war eine Verwandte. Ich hab´ ihr vom Tod meiner Mutter geschrieben und ein Foto geschickt, eines von den letzten. Ich weiß nicht, ob sich die Tante mehr erwartet hat oder zum Begräbnis gekommen wäre, wenn ich sie rechtzeitig verständigt hätte. Aber das hab´ ich bewusst nicht getan, alte Leute haben ja oft eine schreckliche Vorliebe für Beerdigungen! Jedenfalls hat sie meinen Brief niemals beantwortet und ich finde das gut so.

Und dann waren da noch meine Freunde: Von Dieter hab´ ich ja schon erzählt, der ist bei der Hermine versorgt und hat doch ein bisschen ein schlechtes Gewissen, da hat sich der Kontakt von selber erledigt. Rudolf, Renate und Erich waren keine wirklichen Freunde. Sie hätten doch annehmen müssen, dass es mir schlecht geht nach dem Tod meiner Mutter und dem Verlust meiner Stelle. Aber sie haben sich gar nicht gemeldet bei mir. Das hat mich nicht wirklich gestört, aber ich konnte es ihnen vorhalten. Da waren sie gekränkt und ich war beleidigt und so war die Freundschaft beendet.

Mehr Freunde hatte ich nicht. Mit ehemaligen Mitschülern hatte ich längst keinen Kontakt, Festlichkeiten, die mich mit Kollegen von der Gemeinde zusammengebracht hätten, waren mir immer ein Gräuel, und auch den Beitritt zu einem Verein oder Club hatte ich mir immer erspart. Und so war ich ganz sicher, dass ich niemandem fehlen würde und dass auch mir niemand fehlt.

Der Rest war Routine: Meine Sozialversicherungsnummer war funktionslos, die Zeitung hab´ ich abbestellt, den Telefonanschluss zurückgelegt und den Fernseher abgemeldet. Dann hab´ ich den Wohnungsinhalt von einem Gebrauchtwarenhändler abholen lassen, Strom und Gas abgerechnet, die Wohnung gekündigt und besenrein übergeben. Drei Monatsmieten waren im Voraus erlegt, das ging sich genau aus mit dem Räumungstermin. Dann bin ich mit dem Koffer und einer Reisetasche am Bahnhof gestanden, hab´ mich nicht umgeblickt und die Stadt für immer verlassen. Zwei Stunden später bin ich aus dem Zug gestiegen, hab´ mir irgendwo, wo ich nie war und niemals mehr sein werde, ein Zimmer genommen, mein Gepäck abgestellt und in einem Schnellimbiss zu Abend gegessen. Und erst jetzt, ich schwöre es, erst jetzt, wie ich so stehe im Schnellimbiss, habe ich zum ersten Mal nachgedacht, wohin ich nun gehen will.

Eine ganze Woche bin ich in dieser Stadt geblieben, eine lange Zeit für einen Ort, zu dem man keine Beziehung hat und auch keine sucht. Ich bin durch die Straßen gegangen, habe die Fassaden und die Geschäftsstraßen angesehen und die Leute beobachtet. Ich bin auf der Parkbank gesessen beim Kriegerdenkmal, in verschiedenen Restaurants, in der Kirche und im Stadtcafé. Die ganze Zeit über habe ich mit niemandem gesprochen, nur einmal mit einem Kind, das seinen Hund suchte, der ihm entlaufen war.

Nach einer Woche wusste ich alles. Und wenn es nicht ganz so gekommen ist, wie ich plante, so war das nur Zufall. Oder Glück, wenn Sie so wollen.

Ich hatte vor, nach Neuseeland zu gehen, Neuseeland liegt auf der anderen Seite von uns, weiter weg kann man nicht fahren.

Vorher aber wollte ich noch toll Urlaub machen, mich richtig entstauben vom Grau aus der Bahnstraße.

Ich wollte noch eine Gegend dazwischensetzen, zwischen die Gegend von früher und die Gegend, die kommt.

Lachen Sie nicht, meine Wahl fiel auf San Remo. Das war genau überlegt! Denn eigentlich wollte ich an die Cote d´Azur, aber ich kann überhaupt kein Französisch. Doch Italienisch hab´ ich in der Schule als Wahlfach belegt, da komm´ ich schon irgendwie durch. Und San Remo ist gleich neben der Cote d` Azur, ist auch nobel und warm und liegt auch direkt am Meer.

Bevor ich abfuhr, hab´ ich noch einmal angerufen, zuhause in A., im Stammcafé. Einer von den Jungen war dran, die erkennen gottlob meine Stimme nicht. Ich hab´ gefragt, ob ich zufällig da sei, und dann hab´ ich ganz einfach gesagt: »Ach so, der ist ja verreist. Oder ausgewandert sogar!« »Der Herr Dworschak? Das hab ich gar nicht gewusst«, sagte der Kellner. »Dann sagen Sie es jetzt Ihrer Chefin, falls jemand fragt«, sagte ich.

Über San Remo will ich nur wenig erzählen. Wenn Sie es kennen, kennen Sie's ja und wenn nicht, macht es auch nichts, so besonders ist es nicht dort. Doch die Geschichte mit Anna, die gehört wirklich hierher, denn die ist wichtig, wichtig bis heute:

Also nach zehn Tagen San Remo, meist in der Sonne und meistens am Strand, hatte ich fast schon genug. Ich war braun gebrannt und hatte mir einen Sommeranzug gekauft, ganz gegen meine Gewohnheit recht modisch, blau-weiß gestreift, mit einer wirklich ganz weißen, lächerlich weißen Weste. Den Anzug hab´ ich nur abends getragen, beim Bummeln auf dem Boulevard. Nur einmal hab´ ich tagsüber einen Ausflug gemacht, und zwar auch mit dem Anzug, ich weiß selbst nicht mehr, warum das so war, aber es war so.

Von San Remo aus kann man mit dem Autobus in das Landesinnere fahren, nicht weit, nur die steile Küstenstraße hinauf, in eine der Ortschaften, die angeblich typisch sind für die Gegend und unberührt vom Tourismus. Es war nicht uninteressant: Der kleine Ort hoch oben am Felsenhang, die Leute, die Trachten, die Souvenirs und so weiter.

Als es zu regnen begann, bin ich in ein kleines Café und hab´ mich dort untergestellt. Und eine junge, italienische Frau auch. Später, als ich dann auf der Straße gestanden bin vor dem Ort und gewartet hab´ auf den Bus, da hab´ ich sie wieder gesehen. Und das war so:

Also ich steh´ auf der Straße unter dem kleinen, beschädigten Schutzdach der Busstation und der Wind weht von allen Seiten herein. Da kommt plötzlich von oben, also vom Ort her, Sie können sich das ja vorstellen, da kommt also diese Frau durch den Regen gelaufen und stellt sich zu mir unter den Regenschutz. Und wie wir so warten, schau ich sie an. Ich muss zugeben, was mir zunächst auffiel, war eher persönlich: Sie war vom Regen durchnässt, auch die Bluse, sodass der dünne Stoff durchsichtig war und klatschnass klebte an ihren Brüsten.

Normalerweise fällt mir so was kaum auf. Und wenn, so gefällt es mir nicht. Aber wahrscheinlich war ich schon allzu lang weg von der Hermi, und nach so vielen Wochen kann es schon sein, dass die Triebe erwachen, ob du nun willst oder nicht.

Die Frau hat nicht hergesehen und gar nicht bemerkt, was mich so genau interessiert hat an ihr. Deshalb war das nicht unangenehm für sie und bevor sie's bemerkt hat, habe ich auf meine Uhr geblickt. Und da hab´ ich gewusst: Der Bus ist schon weg!

Wissen Sie, wenn man ausgeruht ist, ausgeschlafen, erholt, ist man besser in Form. Man traut sich Dinge zu, die einem sonst kaum in den Sinn kommen. Besonders im Ausland, da kann man das tun, weil niemand dich kennt. Und so hab´ ich die Anna angesprochen und ihr gesagt, dass der Bus schon weg ist.

Sie ist erschrocken, weil sie mit Verwandten einen Ausflug gemacht hat, von San Remo aus, wo sie den Urlaub verbracht hat und wo sie erwartet wurde. Da hab´ ich mein Sakko ausgezogen und ihr um die nassen Schultern gelegt. Dann bin ich mit meiner lächerlich weißen Weste bei strömendem Regen in den

Ort hinauf gelaufen, hab´ gegen Bezahlung ein Privatauto organisiert und die Anna in ihr Hotel hinunter gebracht. Und wie ich mein Sakko wieder von ihren Schultern nehme, da hab´ ich bemerkt, dass sie zittert, vor allem wohl wegen der Kälte, aber ein wenig auch meinetwegen möglicherweise. Da hab´ ich sie einfach gefragt, ob wir uns wiedersehen könnten am Abend. Sie hat lachend gesagt, dass sie mit Verwandten hier sei und nicht weg kann am Abend, allein. Aber sie würde sich freuen, wenn ich mit ihr und dem ganzen Clan – sie sagte wirklich Clan, wie bei der Mafia – also wenn ich mitkommen würde zum Abendessen im Hafen. Und weil mir die Anna gefiel, weil ich ausgeruht war und weil ich dachte, ich hab´ eine Chance, hab´ ich zugesagt.

An diesem Abend haben die anderen mir alles erzählt über die Anna. Sie war sechsunddreißig, seit einem halben Jahr Witwe, ihr Mann war verunglückt beim Motorbootfahren am Meer. Sie besaß mit ihrem Bruder gemeinsam ein Hotel auf Elba, jeder die Hälfte. Das Hotel ging gut, die ganze Familie lebte davon.

Die Anna hat mich wirklich ein paar Mal tief angeblickt an diesem Abend. Ich glaube nicht, dass es der Wein war, sondern mehr. Italienische Frauen sind warmherzig und auch sinnlich, und vielleicht hatte sie doch bemerkt, wie ich sie angeschaut hab´, nachmittags, in der klatschnassen Bluse. Es gibt Frauen, die schreckt so etwas ab, und andere, die stimuliert das.

Jedenfalls hab´ ich die Anna ganz leise gefragt, ob sie nicht noch ein Glas trinken würde mit mir an ihrer Hotelbar, später, wenn die Anderen alle zu Bett wären. Da hat mich die Anna tief angeblickt und geschwiegen.

Um halb zwei Uhr morgens haben sich dann alle verabschiedet und auch die Anna ist in ihr Zimmer gegangen. Ich hab´ trotzdem an der Hotelbar gewartet und das war gut so. Denn kurze Zeit später kam die Anna zurück. Da hab´ ich sie an der Hand genommen und bin mit ihr hinausgegangen an den nächtlichen Strand.

Die Anna blieb noch drei Tage in San Remo. Wir haben uns täglich gesehen, aber nie wieder allein. Ihrer Familie gegenüber hat sie kein Hehl daraus gemacht, dass sie mich mag, und so sind wir ein bisschen gehänselt worden deshalb. Das hat der Anna gefallen und auch mir. Am letzten Abend haben sie mich dann eingeladen nach Elba, nicht die Anna hat es gesagt, sondern ihr Bruder, der, dem die andere Hälfte gehört vom Hotel.

Drei Monate später haben wir geheiratet. Am Abend vor der Hochzeit hat mir dann Anna weinend gestanden, was ich doch wissen muss, wenn ich ihr Mann bin: Dass sie keine Kinder bekommen kann, wahrscheinlich nicht, jedenfalls hat's bei Giuliano, ihrem ersten Mann, niemals geklappt. Ich hab´ sie getröstet und ihr gesagt, dass es mir nicht um Kinder geht, sondern um sie.

Und das stimmt auch: Ich mag die Anna, mir liegt ihre Sinnlichkeit, das dunkle Lachen, und dass sie so oft »einen kleinen Tod stirbt« dabei. So nenne ich das, wenn Frauen sich wirklich hingeben beim Sex, das gefällt mir. Denn auch ich hab´ mich in diesen Dingen ziemlich verändert seit der Hermine. Mir macht es mehr Spaß jetzt, mir fällt etwas ein, ich bin mehr bei der Sache. Wirklich toll wahrscheinlich manchmal, sonst wäre die Anna nicht so.

Unsere Wohnung ist groß und angenehm, es ist die Wohnung von Anna, in der sie mit Giuliano gelebt hat, aber sie hat es mir freigestellt, alles zu ändern. Doch ich habe alles gelassen, so wie es war. Vielleicht war das unklug, weil die Anna anfangs doch manchmal geweint hat, besonders im Schlafzimmer. Da hat sie doch vieles erinnert an ihren Ersten. Aber jetzt ist das wirklich vorbei, ich glaube, ich mache das alles recht gut.

Im Hotel bin ich Direktor. Ich bin nicht der Direktor von unserem Hotel, aber doch »Direttore«, das geht in Italien, das kennt man. Ich mache ja auch eine Art Dienstaufsicht, vor allem am Morgen, ich stehe gern auf, das macht mir nichts aus, und dann hab´ ich am Nachmittag Ruhe.

Meinen Namen Fidel Dworschak brauche ich fast nie. Meine Frau nennt mich Giorgio, ich hab´ ihr gesagt, dass meine Mutter mich so gerufen hat, und für die Gäste bin ich Signore Bianchi. Bianchi heißt unser Hotel. Das ist recht groß und ziemlich modern.

Und es geht auch nicht schlecht, weil wir fast durchwegs mit Reisebüros arbeiten. Da gibt man´s halt billiger, beide Seiten, wir vom Hotel und auch unsere Gäste.

In meiner Freizeit fahre ich oft über die Insel oder geh´ durch die Stadt. Hobbys habe ich kaum, ein Motorboot für´s Hotel wäre schön, aber das Thema ist seit dem Tod von Giuliano tabu.

Wie alle, die im Süden leben, habe ich mir angewöhnt, nach Tisch zu schlafen. Das heißt, manchmal schlafe ich nicht, sondern liege nur so da und denk´ nach.

Es gibt eine Dänin, die jedes Jahr kommt, von der weiß ich, sie kommt meinetwegen. Sie hat auf Jütland ein Gut, ist ledig, und hat mir Fotos gezeigt, ganz sicher mit Absicht. Aber wahrscheinlich ist dort das Wetter nicht warm und außerdem ist die Frau ziemlich groß, nicht dick, aber stattlich, wie halt die Leute dort sind. Ich glaube nicht, dass mir so etwas liegt, ich hab´ versucht, mir das vorzustellen, aber ich glaube nicht, dass ich so etwas will.

Nein, sicher, ich bleibe jetzt hier bei

der Anna. Und wenn nicht, so hab´ ich ja fast noch das ganze Geld von dem Haus in der Bahnstraße. Da kann man immer irgendwas machen damit.

Die Geschenke der Stunde

oder: Ein Dichter weilt unter uns

Ich bin kein Typ, auf den die Frauen fliegen. Ich habe keine Komplexe, aber es ist so. Ich bin wirklich nicht schön, sehe bedeutungslos aus und kann mich nicht in Szene setzen, nicht in Gesellschaft und nicht auf Partys, wo es doch darum geht, dass man beachtet wird und jemanden kennenlernt.

Ich hab einen Freund, einen Autoverkäufer, der kann das. Der tritt in den Raum, geht einmal quer durch, besorgt sich ein Glas und lehnt sich wo hin, nach Möglichkeit in eine Ecke, wo sonst niemand steht. Dann sieht er sich um, und gleich fragen die Frauen: »Wer ist das, wie heißt der, der ist aber interessant, den wollen wir kennenlernen« und so.

Sie müssen mir glauben, ich habe ihn gründlich studiert: den zögernden Schritt, fast hinkend und müde, wie ein Tennisstar nach dem Match, dann die Stellung der Beine, die Haltung beim Lehnen, den schüchternen Blick, wenn er aufsieht. Und den langsamen Aufschlag der Augen, wenn jemand ihn anspricht.

Ich hab´ das studiert und selber probiert. Und ich sag´ Ihnen ehrlich, es ging schrecklich daneben: Ich stand in der Ecke und blieb in der Ecke, ich war richtig »im Eck«, und konnte nicht weg. Bis irgendein Typ mit gestreiftem Sakko genau vor mich hin trat, den Rücken zu mir, als wär ich nicht da.

Natürlich habe auch ich meine Erfolge. Aber das sind Glückstreffer, Zufälle, Spiele des Schicksals. Oder Geschenke der Stunde, wenn man so will. Das kann man nicht steuern, da kann man nur warten. Und dann, wenn sie da sind, bereit sein.

In der Gesellschaft, in der ich verkehre, verkehrt auch ein Mädchen, hinter dem alle her sind, Beate, das Fotomodell. Beate ist schön, wunderschön, sie ist herrlich gewachsen, mit prachtvollem Busen und ganz großen Augen, nicht wirklich mein Typ, doch bestimmt eine Frau, mit der man gesehen wird und beachtet. Nur leider ist dieses Wesen für mich eine Nummer zu groß. Denn erstens einmal bin ich doch ziemlich klein. Und zweitens ist sie natürlich verwöhnt. Das sieht man von Weitem, das merkt man sofort, da braucht man erst gar nicht zu fragen. Und drittens wird sie von allen verehrt. Da geh´ ich doch gar nicht erst hin!

So hab´ ich sie stets nur von Ferne bewundert. Nur einmal, da sah ich, da wollte sie Feuer, und niemand in ihrer Umgebung war Raucher. Das hab´ ich bemerkt, das war meine Chance. Jetzt gehe ich hin, jetzt lern´ ich sie kennen, das hab´ ich gedacht.

War das ein Fehler!

Ich renn´ also los und boxe mich durch, ich dräng´ mich hinein, in die Mitte des Kreises, und stehe vor ihr. Und reiche ihr Feuer. Und weil meine Hand zittert, hält sie sie fest. Dann bläst sie den Rauch aus, hebt fröhlich den Blick, - und lässt meine Hand fallen, einfach so, einfach so! Als wär´ sie ein Nichts, ein Unrat, ein Stein, ein gebrauchtes Papiertaschentuch! Kein Blick und kein Danke, kein Muh und kein Mäh! Als wär´ keine Hand an dem Streichholz.

Ich steh´ also da und niemand bemerkt mich. Die oben, die Anderen, plaudern und lachen, und unten bei mir wird der Kreis immer enger. Da schreie ich auf, weil das Streichholz mich brennt. Doch auch dieser mein Schrei, mein Schrei aus der Tiefe, fällt niemandem auf. Man schäkert und scherzt, der Kreis ist jetzt zu, man tritt mich fast nieder, und ich stürme los, hinaus aus dem Kreis, hinaus aus dem Raum, und hinein, wie so oft, zum Händewaschen und Schweißabwischen aufs Klo.

Ich möchte nicht, dass Sie mich für einen Neurotiker halten. Ich habe keine Komplexe und ich bin kein Idiot. Ich kenne nur meine Grenzen. Und ich glaube, dass jeder das tun soll, jeder, auch Sie!

Haben Sie mit Angelina J. gebumst? Sind Sie wirklich der oberste Chef? Segeln Sie auf der eigenen Yacht um die Welt? Werden Sie wirklich von allen geliebt?

Also, was ist jetzt: Haben Sie mit dem Filmstar gebumst oder nicht? Sehen Sie, Andere haben, Sie nicht. Eben.

Ich arbeite in einer Bank. Nicht direkt am

Schalter und nicht bei den Kunden, ich wollte das nicht, das liegt mir nicht so. Ich bin in der Werbung, ich versende Prospekte, ich mach´ das nicht selber, ich bin Disponent! Ich leite das Lager, bestelle die Ware, verhandle mit Druckern, es ist meine Abteilung.

Früher war ich im Großhandel tätig, im Bereich Sanitär. So kann ich auch heute noch Bad-Armaturen und Wannen und Fliesen und Spiegel und so verbilligt besorgen. Das wissen die Lehmanns und nützen das aus. Sie haben gebaut und wollen ein Bad, das Bad, wie die Bergers es haben. Ich solle doch kurz einen Blick darauf werfen, damit ich dann weiß, wie es heißt. Am besten am kommenden Samstag, am Abend, beim Gartenfest bei den Bergers. Die Lehmanns sind eingeladen und nehmen mich mit.

Also das Bad heißt Diana 3000 und ist eher prunkvoll als schön. Genau wie das Fest. Und genau wie die Leute: Man steht mit dem Glas auf der Gartenterrasse, bedacht von der großen, gestreiften Markise, der Pool ist beleuchtet, obwohl niemand schwimmt, der Sekt aus dem Ausland, obwohl er nicht schmeckt, und jetzt wissen Sie alles.

Ich stehe alleine, im unteren Garten, weit weg von der Menge und seh´ mir das an. Und wie sich mein Auge an´s Dunkel gewöhnt hat, entdeckte ich sie, Beate, das Fotomodell! Auch sie steht jetzt abseits, im Schatten von Bäumen, doch bei ihr steht ein Mann! Sie lächelt ihm zu, sie scheint glücklich verliebt. Es ist wohl ihr Freund, ich hab´ schon gehört, er besitzt eine Aufzugfabrik und sieht wirklich gut aus. Und weil ich von hier aus alles beobachten kann, ohne selber gesehen zu werden, bleibe ich hier.

Dann sehe ich plötzlich, wie Beate sich küssen lässt. Erst sehe ich hin, dann sehe ich weg, ich sehe nicht zu, so etwas mache ich nicht, ich bin kein Voyeur!

Wie ich wieder hinblickte, steht eine dritte Person dort, eine Frau! Sie scheint heftig erregt, der Mann bei Beate wohl auch, die Frau nimmt die Tasche und schlägt auf ihn ein. Dann dreht sie sich um und geht weg. Und er läuft ihr nach: »So warte doch, Eva!«

Unglaublich! Dass so etwas möglich ist! Und dass das der Beate geschieht!

Sie steht jetzt alleine im Schatten der Bäume und blickt sich rasch um: Den Vorfall hat niemand bemerkt. Dann dreht sie sich weg, verschwindet im Dunkel – ich sehe sie nicht, ich kann sie nicht sehen – und steht plötzlich bei mir! Und zittert vor Wut und Empörung. »Ich möchte hier weg, ich möchte nach Haus! Doch so, dass niemand es merkt!«

In solchen Momenten bin ich wirklich recht gut, ich bin eiskalt und stark. Ich könnte Heerführer sein. Oder Chef bei der Ortsfeuerwehr. Denn ich zögere nicht, sondern handle sofort. Ich blicke sie an, ganz ruhig und fest, nur etwas zu lange, ich lasse sie warten. Bis sie »Bitte!« sagt, »Bitte!« Dann dreh´ ich mich um, hinter mir ist ein Zaun, ein Drahtzaun zum Grundstück des Nachbarn, der Draht lässt sich heben, nicht viel aber doch, Beate schlüpft durch und ich folge nach.

Beate geht barfuß vor mir, sie trägt ihre Schuhe, sie hüpft durch die Wiese – und wartet auf mich. Und nimmt meine Hand. Die Hand ist jetzt trocken, ganz ruhig und fest. Ganz anders, als einst mit dem Streichholz. »Sie haben mir wirklich geholfen«, sagt sie. Wir fallen ins Gras.

Wenn ich liege, bin ich gar nicht so klein. Es sind nur die Beine, die kurz sind. Wenn ich liege, fällt das nicht auf. Da krabble ich hoch und das passt dann.

Glauben Sie nicht, meine Damen und Herren, glauben Sie nicht, ich mach´ mir was vor. Ich weiß ganz genau, warum Beate das tat. Aber sie tat es, und ich war dabei. Und darauf kommt's an.

Ich habe einmal im Leben bei Bocuse gegessen. Ich war so aufgeregt, dass ich kaum einen Bissen hinunter gebracht habe. Aber ich habe einmal im Leben bei Bocuse gegessen. Ich habe einmal im Leben einen Ferrari gefahren. Es war ein Leihwagen und das Mädchen, mit dem ich ins Wochenende wollte, ist nicht gekommen. Aber ich habe einmal im Leben einen Ferrari gefahren. Ich habe einmal im Leben Beate geliebt. Sie hat es nicht aus Liebe getan, aber ich habe einmal im Leben Beate geliebt.Es gibt Dinge, die muss man getan haben, einmal im Leben. Dann sind sie erledigt und fehlen dir nicht.

Beate und ich lagen noch lange im Gras. Ich hatte ihr mein Sakko um die Schultern gelegt – das können Sie ebenso machen wie ich, das sieht immer gut aus – wir rauchten und blickten hinüber zum Fest. »Wie froh ich nun bin, dass ich nicht dort bin.« sagt sie. Und: »Du hast mir wirklich geholfen.« Als Antwort erzählte ich ihr diese Geschichte:

»Im chinesischen Zimmer auf Schloss Do-re-my, sur Mer«, sagte ich, »und nicht an der Rhone, im chinesischen Zimmer des Schlosses gibt es ein Bild, das den jungen Marquis zeigt, der einen Armen beschenkt. Der junge Watteau, der das Bild restaurierte, behauptete später, er hätte das Antlitz der beiden Personen vertauscht: Der Bettler sei jetzt der Marquis und der reiche Marquis jetzt der Bettler. Und da es kein anderes Bild gibt von beiden, weiß niemand: Wer ist der Schenker? Und wer der Beschenkte?«

Ich weiß nicht so recht, ob Beate verstand. Aber sie lächelte süß und küsste mich zärtlich. Und sagte begeistert: »Du bist ja ein Dichter! Ich habe noch nie einen Dichter geliebt!«

Vielleicht bin ich wirklich ein Dichter. Denn die Geschichte ist natürlich nicht wahr, es gibt keinen Ort und kein Schloss und kein Bild, ich habe das Ganze erfunden. Aber ich habe es Frauen schon öfters erzählt, fast immer nur nachher. Und es hat immer gewirkt.

Beate und ich haben uns nie mehr verabredet, ich meine alleine, zu zweit. Wenn wir uns irgendwo sehen, begrüßt sie mich freundlich, doch wir sind jetzt wieder per Sie. Freunden, die wissen wollen, woher wir uns kennen, erzählt sie dann gerne, ich hätte ihr einmal ein Bildnis erklärt, in Frankreich, in einem Schloss. Das interessiert dann die Leute, da fragen sie dann. Aber wir sagen nicht mehr.

Einmal im Leben Millionärsurlaub machen, am Luxusstrand von Marbella, das war auch was, von dem ich gedacht hab´, das muss einmal sein, einmal im Leben.

Ich hab´ es gemacht im vergangenen Jahr und es hat sich mehr als gelohnt. Obwohl es gar nicht so leicht ist für einen so ganz gewöhnlichen Menschen.

Natürlich, Flug und Hotel, das können

Sie buchen im Reisebüro. Was aber fehlt, ist die »innere Buchung«, die Planung der Einstellung, die man braucht. Damit Sie glaubwürdig sind und sich wohlfühlen dort - mit Leuten, zu denen Sie nicht gehören und niemals gehören wollen, wahrscheinlich. Das ist es, was Mühe macht, Training verlangt, Vorstellungskraft, Fantasie!

Ein kleiner Bankangestellter denkt, lächelt, bewegt sich und spricht, wie kleine Bankangestellte das tun. Das merken die Leute, da nützt es nicht viel, das mühsam ersparte Geld auf die Theke zu knallen. Das wirkt nur gewöhnlich, das macht keinen Eindruck. Was Sie aber ausstrahlen müssen, ist die innere Stärke, die innere Sicherheit, die Selbstverständlichkeit des Milieus! Das kommt nicht von selber, das wird nicht geschenkt, das braucht reichlich Übung, fast Meditation! Und auch nicht erst dort, sondern lang vor dem Abflug! Ich habe das alles gut überlegt. Dann hab´ ich zu Hause geübt. Und dann ein Kostüm ausgedacht und nach eigenen Angaben fertigen lassen. Weil reiche Leute den Unterschied sehen zwischen Maßhemd und Hemd! Das muss man bedenken, da darf man nicht sparen. Und da ich beileibe nicht schön bin, muss ich wenigstens auffällig sein. Das habe ich gedacht und das stimmt.

Ich habe mir Schwarz ausgesucht, Schwarz steht mir, es streckt, und schwarze Seidenhemden mit Rüschen, das erwartet wohl niemand am Strand. Und außerdem kann man die Hemden auch abends benützen, im Süden ist es ja warm.

Wie ich die Hemden probiert habe, hab´ ich gewusst: Was fehlt, ist ein Schal, ein Seidenschal, möglichst mit Fransen, aus tiefschwarzer Seide und umseitig grau. Und dann noch ein Strohhut, ein Strohhut in Schwarz. Auch so etwas trägt ja sonst niemand am Strand.

So sah ich nun aus, wie die Leute sich Künstler vorstellen, Maler, Poeten, den jungen Brahms oder Braque.

Ich habe mich für den Poeten entschieden, ich habe beschlossen, als Dichter zu reisen. Dann bin ich gefahren.

Und dann diese Begegnung, dieser Eklat! Am Tag meiner Ankunft, beim ersten Spaziergang am Strand!

Ich komm also an in Marbella, geh ins Hotel, das Beste am Platz, mit Privatstrand am Meer, zieh´ mein Seidenhemd an und geh´ an den Strand. Und steh´ plötzlich vor Direktor Klaus Ullmann und Dr. Gallee, beide von meiner Commerzbank und beide sehr wichtig, der eine hat schon Karriere gemacht, der andere ist eben dabei. Und beide sind irgendwie meine Chefs.

Ich wette, Sie hätten damals die Nerven verloren, Sie wären erblasst und hätten gezittert! Weil so etwas auch zuhause bekannt wird, zuhause am Arbeitsplatz, in der Bank! Ich aber, ich bleibe. Ich nütze den Augenblick und nütze die Chance. Denn Ullmann und Dr. Gallee sind zum Glück nicht alleine, zwei Mädchen aus Krefeld, Jutta und Inge, sind nämlich bei ihnen. Und das, obwohl doch die Herren verheiratet sind!

Ich verstehe sofort und stelle mich vor, die Mädchen sind hübsch und rundherum braun. Und oben ohne, wie man so sagt, das heißt ohne Oberteil des Trikots. Und die Herren sind sprachlos! Doch was sollen sie sagen? Ich bin ja nur höflich, ich grüße ja nur! Wie es sich schickt, wenn man Freunden begegnet, Bekannten, Kollegen, im Urlaub, am Meer!

In diesem Moment, so will es der Zufall, kommt ein Strandfotograf, ich seh´ ihn sofort, die Herren noch nicht, nur ich und die Mädchen. Die lachen vergnügt, umarmen die Männer – und ehe die Herren versteh´n, ist ein Foto gemacht. Und weil meine Zeitung im Bild ist – ich halte sie hoch, damit man sie sieht – entsteht so ein Bilddokument: Direktor Klaus Ullmann und Dr. Gallee, beide von der Commerzbank und beide verheiratet, umarmt von zwei schönen, nacktbrüstigen Mädchen. Und dahinter ich mit der Zeitung, auf der man die Überschrift lesen kann: Schnellzug fängt Feuer. (Das *euer* ist abgedeckt, aber man ahnt es.)

Der nächste Moment ist recht peinlich: Dr. Gallee protestiert, er beleidigt den Fotografen, ich lasse mir dessen Geschäftskarte geben, die Mädchen finden das komisch und lachen, der Fotograf mault zurück und wird wütend, eine sich sonnende Dame beschwert sich, ihr

Pudel kläfft heftig und zerrt an der Leine, ein Kleinkind beginnt sich zu fürchten und schreit. Doch niemand spricht spanisch, nur zwei Burschen am Strand. Sie kommen herbei, ergreifen Partei, natürlich für ihren Landsmann, und Ullmann und Dr. Gallee geben auf. Ich aber, weil ich nicht helfen kann, gehe.

Am späteren Nachmittag hol´ ich die Fotos. Sie sind blendend gelungen, man sieht alles genau. Nur Dr. Gallee schaut recht unglücklich aus: Er streckt eine Hand vor, sein Blick zeigt Erschrecken, die riesigen Brüste des Mädchens sind flach, so fest presst sie sich an den Begleiter! Ich bestelle zur Sicherheit noch einen Abzug und geh´ ins Hotel. Und treffe die Herren am Swimmingpool an. (Die Mädchen sind oben, sie machen sich schön.) Wie freundlich ich plötzlich begrüßt werde! Wie ein alter Bekannter, über den man sich freut! Ganz anders als mittags am Strand.

Wir gehen zur Bar, Gallee lädt mich ein, man plaudert nur kurz, dann kommt man zur Sache: Die Szene am Strand sei recht peinlich gewesen, vor allem natürlich wegen der Mädchen, und man erwarte von mir Diskretion, Diskretion unter Männern, das sei ja wohl klar, ich hätte da sicher Verständnis. Man wäre ja nur zum Golfturnier hier, bei Konsul von Winter aus Köln. (Der Konsul von Winter hat hier eine Villa, sein Golfplatz ist einer der schönsten am Meer.) Am Abend sei dort ein Empfang, die Herren wären geladen, die Mädchen allerdings nicht. Ich könnte sie gerne zum Essen ausführen, natürlich auf Kosten der Herren. Und man reicht mir diskret ein Kuvert.

300 €! Aber ich will nicht! Ich will auf das Fest bei von Winter! »Das geht nicht!«, sagt Dr. Gallee. »Doch«, sage ich freundlich, »ich glaube, das geht.« Und ich lege das Bild auf die Theke. »Sie sind ein Erpresser«, zischt Ullmann ganz blass. »Nein«, sage ich leise, »doch eine Hand wäscht die andere.«

Ich gehe gerne auf Feste. Ich weiß schon, nicht jeder macht sich was draus, doch ich bin sehr gern in Gesellschaft. Auch wenn ich dort meistens benachteiligt bin, weil andere mehr beachtet werden als ich. Bei sehr schönen Frauen verstehe ich das ja. Aber bei hässlichen Dichtern?

Ich habe das nämlich einmal erlebt, vor Jahren, auf einer Gesellschaft bei Trolls. Da war auch ein Schriftsteller da, Herr Bertram von B., ein hässlicher Mensch, gegen den bin sogar ich irgendwie schön. B. hatte ein einziges Buch geschrieben, anzüglich, blasphemisch, und wirklich nicht gut. (Ich kann das sagen, ich hab´ es gelesen!) Trotzdem war B. an dem Abend der Star: bewundert vom Hausherrn, umschwärmt von den Gästen, mit Anträgen überhäuft, und bei den Damen ständig der Hahn im Korb. Sogar später, als er betrunken war, geschmacklos und schlüpfrig, sogar dann fanden die Frauen ihn reizvoll.

Ich habe Herrn B. beobachtet, ich habe ihm zugehört: Vieles war platt, oberflächlich und eitel. Doch er hatte die Rolle des Dichters gelernt. Und wenn ihm die Damen Intimes erzählten, verstand er als Dichter die Seele der Frau. Das tut nicht ein jeder, das ist nicht so üblich, da haben sonst Männer kein feeling dafür. Das wissen die Frauen und lieben die Dichter, das hat mit der Dichtkunst nicht direkt zu tun.

Wir saßen noch immer an der Swimmingpool-Bar. »Was wollen Sie bei den Winters?« fragt Ullmann. »Ich komme als Dichter zum Fest.« »Sie haben noch nie eine Zeile geschrieben, Sie sind doch kein Dichter!« »Nein«, sage ich leise, »aber ich sehe so aus. Und ich möchte als Dichter dort eingeführt werden.«

Mir ging es nicht gut, doch ich musste da durch. Und Ullmann und Dr. Gallee überlegten: Sie hatten die Einladung, ich hatte das Foto. Sie waren verheiratet, ich leider noch nicht. Sie hatten Karriere gemacht, ich würde das nie.

Dann kamen die Mädchen, und das war der Test: Ich wurde als Dichter bekannt gemacht, und Jutta und Inge waren begeistert. Ich aber zog mich nach oben zurück und ruhte mich aus und freute mich sehr. Und nahm abends den Schal mit den Fransen.

Das Fest bei von Winters war das Fest meines Lebens. Wo immer ich stand, ich stand ständig im Mittelpunkt. Und wenn ich mich abwandte, flüsterten alle: „Das ist der Poet, der Dichter des Festes! Er schreibt nur Romane, intime Romane, und nur über Frauen, die ihm selbst sehr vertraut sind. Doch weil er nicht wünscht, dass ihn jemand belästigt, noch dass ihn die Männer der Frauen erschießen, verwendet er stets einen anderen Namen, den Künstlernamen, wie man das nennt. Die Bücher aber erscheinen im Ausland, auf Englisch wahrscheinlich oder Französisch. So kann man zwar leider die Bücher nicht lesen, aber man kennt jetzt den Dichter. Und einen Dichter zu kennen, ist meistens viel schöner, als Bücher zu lesen, die man dann doch nicht versteht. So sehr begehren die Frauen die Dichter.

Und so war es dann auch: Beate von Winter, die Gattin des Konsuls, stand während des Abends ständig bei mir. Sie war nicht ganz jung, aber sanft und gepflegt, mit sehr schönen Händen und durch und durch Dame. Das reizt mich, das liegt mir, das weiß ich seit jeher! Denn man liebt immer dagegen: Gegen die Tugend, gegen die Schönheit, gegen die Jugend, gegen das Geld. Nur wer dagegen liebt, liebt wirklich vergnüglich. Wer in seinem Milieu liebt, liebt reizlos und öde.

»Vielleicht wollen wir, die wir nicht wirklich lebendig sind, wenigstens in der

Dichtung lebendig sein«, sagte Therese. »Vielleicht schreibe ich, der ich keine Geschichte habe, Geschichten, um selber Geschichte zu haben«, antwortete ich. Wir standen am Fenster des blassgelben Saales, ein wenig abseits vom Strömen der Menschen, ein Kellner im Smoking kam ständig vorbei.

»Ob wir uns je in Ihren Romanen begegnen werden?« fragte sie leise, und Mondlicht fiel weiß durch das Fenster auf sie und legte sich sanft um die bildschöne Frau. Da sagte ich fest und nahm ihre Hand: »Nicht nur in den Büchern, nicht nur in den Büchern. Ich gehe jetzt vor und warte auf dich. Am Ende der steinernen Treppe im Park.«

Und wirklich, sie kam. Und ging mit mir fort. Und zeigte mir ihren prächtigen Garten.

»Im chinesischen Zimmer auf Schloss Do-re-my...«, sagte ich später, und mir fiel ein, dass ich diese Geschichte noch niemals in Spanien erzählt hatte.

Ich glaube, Ullmann und Dr. Gallee haben etwas bemerkt. Nicht, dass sie was wissen, nur vermuten vielleicht. Doch das, bin

ich sicher, das wissen sie nicht: Dass mir auch
Jutta und Inge aus Krefeld - vertraut wurden,
anderntags im Hotel. Es war nämlich wirklich
sehr heiß über Mittag und ich ruhte mich aus.
Und da doch die Herren ihr Golfturnier hatten,
kamen die Mädchen zu mir. Zu zweit! Zu Mittag! Zum Dichter! In dieser Hitze!

In der Commerzbank zu Hause ist alles beim Alten. Ich habe noch keine Karriere
gemacht und werde es nie. Doch ich bin jetzt
öfters in Krefeld. In Krefeld ist nicht viel los.
Aber es gibt dort so wenige Dichter...

Das Fräulein hat einen Plan

Das Flugzeug hebt ab und das Fräulein ist in der Luft. Nicht gleich im Himmel aber immerhin in der Luft. Das Fräulein sitzt jetzt im Flugzeug, der Flug geht nach Rhodos, und draußen ist Nacht. Und rund um das Fräulein sitzen Familien mit Kindern, Paare und andere Fräuleins, aber die kümmern uns nicht, nur unser Fräulein ist wichtig. Es sitzt ganz alleine und nahe beim Fenster, der Platz daneben ist leer, die anderen Menschen schwätzen und schwatzen, doch unser Fräulein ist still und zufrieden und blickt in die Nacht.

So ein Flugzeug wird wirklich gut ausgenützt: Tagsüber fliegt es im Liniendienst, dann wird es innen gereinigt und aufgetankt, dann übernimmt es Billigtouristen, fliegt irgendwo hin, bringt Ausgeruhte zurück und wird anderntags wieder eingesetzt im Normalverkehr. Und in so einem Flugzeug sitzt unser Fräulein.

Unser Fräulein heißt Clara und hat einen Plan.

Wer nach Rhodos fliegt, fliegt meist als Tourist. Er freut sich auf Sonne, auf Sandstrand und Meer. Nur unser Fräulein hat anderes vor. Doch niemand im Flugzeug weiß etwas davon. Denn man sieht es der Clara nicht an, und davon sprechen würde sie nie, nicht vorher, nicht nachher, zu niemandem auf der Welt. Und so sitzen die Leute im Flugzeug, schwatzen und schwätzen, trinken und knabbern, und wissen gar nicht, was sich demnächst ereignen wird mitten auf Rhodos. Und auch ich sage nichts, vorläufig nichts, sondern erzähle zuerst, wie die Clara bisher gelebt hat. Und ich bitte Sie herzlich, geduldig zu bleiben, ganz ohne Bosheit und Spott. Denn jeder hat Recht, der das Heft in die Hand nimmt und sich nimmt, was ihm fehlt. Zumal, wenn er glaubt, dass das alles verändert und alles dann anders ist nachher im Leben.

Clara kam also zur Welt und verlebte die Kindheit, doch das alles erzähle ich nicht, nur die Sache mit Peter, dem Bäckerbuben, im Park beim Versteckspielen hinter den Büschen.

Clara war damals erst fünfzehn und sie dachte zuerst, es wäre soweit. Aber dann dachte sie doch, es soll noch nicht sein, und so war es auch nicht. Nur später, da hat sie sich manchmal gefragt, was anders geworden wäre, wenn Peter alles erreicht hätte, damals, wonach ihm so war. Und jetzt haben Sie sicher verstanden, was damals sein hätte können mit dem schnaufenden, rotgesichtigen Peter, an diesem Nachmittag damals, hinter den Büschen im Park.

Sonst war nichts, bis heute nicht, bei der Clara. Ich sag´ das nicht lieblos, ich sag´ das nicht boshaft, ich sag´, wie es ist: Die Clara war keineswegs weniger reizvoll als andere weniger reizvolle Mädchen. Sie wuchs zum Fräulein heran, war rundum gesund, wanderte viel und spielte Gitarre. Sie ging zum Friseur, war vernünftig gekleidet, benutzte Kosmetik, nicht viel aber doch, sie hatte Bekannte beim Alpenverein und besaß ihre Wohnung beim Bahnhof. Und trotzdem ergab sich nie etwas bei Clara. Das lag nicht an ihr, das war nur Geschick. Oder Missgeschick, wenn Sie wollen.

Wenn Sie mich fragen, ob unsere Clara

etwas vermisst hätte, so sage ich nein. Sie hatte Freundinnen, kannte Kollegen, ging abends oft aus, war genug unterwegs. Und hatte auch ihren Beruf: Sie war als Erzieherin tätig im Mädchenschulheim. Da war sie erfolgreich, fühlte sich wohl, war geschätzt von der Leitung und beliebt bei den Mädchen. Und hatte Verständnis für alles, auch für Liebe und Sex, das bewegt ja die Jungen, da haben sie Fragen, da erwarten sie Rat. Und Clara half gerne und dachte bei sich: Man muss es nicht selber erlebt haben, um mitreden zu können, auch der Arzt muss nicht krank sein, um von Krankheit zu sprechen und sicher beurteilt man Leidenschaft besser, wenn man selber nicht leidet daran. Das dachte die Clara und hatte nicht unrecht.

Statt Mädchenheim sagen manche Lycée. Auch Pensionat kann man sagen, sogar auf Französisch. Aber das Mädchenheim unseres Fräuleins war keineswegs nobel, ein Schulheim der Hauswirtschaftsschule. Da lernen die Mädchen Vieles für's Leben und sind dennoch behütet. Das schätzen die Eltern und nachher die Männer, seien wir ehrlich, das ist immer noch so.

Trotzdem vermitteln auch Hauswirtschaftsschulen richtige Bildung, man darf sich nicht täuschen lassen, die Kinder wissen oft mehr als man meint. Wer da gerne Lehrer sein will, der muss wirklich was wissen! Und so bildete Clara sich weiter, bei Schulungen, Meetings, Tagungen, Kursen. Sogar in der Volkshochschule hörte sie zu.

Und hier, in der Volkshochschule geschah es, dass Clara jenes Erlebnis hatte, das später der Grund war für die Reise nach Rhodos.

Humanismus und wir hieß die Vorlesungsserie, der Lehrer war alt und klassisch gebildet, begeisterungsfähig und alle begeisternd. Es wurde vom Weltbild der Griechen gesprochen, vom attischen Denken, vom Leben und Fühlen. Und von der griechischen Kunst. Und all das erfüllte die Clara auf ganz neue Art. Sie spürte, ob sie nun alles verstand oder nicht, den sanften Gesang dieser griechischen Sprache, die bleibende Schönheit der klassischen Linien, das menschliche Maß von Liebe und Leid. Das war es genau, was sie immer gesucht hatte! Man konnte es fühlen, fühlen im Körper, fühlen im Herzen, fühlen im Kopf. Und nicht, wie in Büchern, nur immer verstehen.

Und dann begegnete ihr dieser Figur, der Polyklet´schen Apoll. Das war das Ereignis!

Der Lehrer zeigte das Dia, sprach vom Canon des Körpers, vom erhobenen Spielbein, dem ragenden Speer. Aber Clara hörte nicht zu und verstand plötzlich kein Wort. Sie sah nur den Mann aus blass glänzender Bronze, gestört durch ein Flimmern, ein Zittern der Luft, wie im Sommer über Asphalt. Und sie fühlte ganz plötzlich ein inniges Sehnen, so hinreißend stark, so lockend und wild, dass sie beinahe umsank. Mit letzter Kraft stand sie auf, verließ wankend den Saal, fiel vor der Tür in ein Taxi und zuhause aufs Bett.

Clara hatte schon öfters Bilder gesehen von nackten Männern und so. Einmal, das war in der Schule, da hatte sie Hefte gefunden bei einem der Mädchen, da war so etwas drinnen. Sie hatte die Bilder in Ruhe betrachtet, damals, vor Jahren, aber gespürt hatte sie nichts. Sie wusste, das gibt es, aber das ist nichts für mich. Und sie gab diesem Mädchen die Hefte zurück mit der dringlichen Bitte, die Bilder im Heizhaus des Heims zu verbrennen.

Auch in einen Film dieser Art war sie einmal geraten. Im Titel war auch von Griechisch die Rede, das hatte sie missverstanden. Sie verließ gleich den Saal, als sie den Irrtum bemerkte.

Ja, und einmal, das sei hier der Vollständigkeit halber erwähnt, belästigte sie so ein Typ, der die Frauen erschreckt. Er stand an der Bushaltestelle beim Heim, blickte suchend zu Boden und rief dann die Clara heran. Da sah sie kurz, was er herzeigen wollte. Sie erschrak heftig und ging eilends davon.

All diese Begegnungen hatten die Clara nie wirklich berührt. Erst jetzt, dieses Bild des Achill, das machte sie seltsam betroffen. Vielleicht, weil es Teil eines Bildungsprogramms war, eingebettet in höhere Werte, sodass sie bereit dafür war, offen und frei. Vielleicht aber war es auch nur eine Art Schock, ein momentanes Gefühl, eine kurze Verwirrung, begünstigt durch die Enge des Raums oder den Sauerstoffmangel im Saal.

Doch welche Erklärung auch immer

die Clara für ihre Betroffenheit suchte, es half nichts. Das Bildnis des wundervoll nackten Mannes kehrte zurück, immer wieder zurück, kam näher und näher, in allen Details, beinahe wie eine Kamera-Zufahrt mit Hilfe des Zooms. Und alles wurde lebendig, wärmend und schön. Und weil, was anfangs erschreckend war, immer vertrauter wurde, wohltuend und warm, wehrte sie sich nicht länger dagegen, sondern begann es allmählich zu schätzen. Sie lag auf dem Bett, schloss glücklich die Augen, wartete still, der bronzene Mann kam, schwebte empor, wurde waagrecht, kam näher und näher, kam schließlich ganz nah, sie spürte die Last, das kalte Metall, und dann den sich ausbreitenden Strom, der sie wärmend durchfloss, zuerst nur die Beine, dann auch die Arme, den ganzen Körper, bis ganz nach oben, bis in die Finger der Hand. Dann wartete sie still, bis alles vorbei war, blieb kurze Zeit liegen und stand ausgeruht auf, lächelnd und unbeschwert, fröhlich und frisch.

Obwohl Clara durchaus psychologische Kenntnisse hatte – sie hatte ja Bücher gelesen und auch Seminare besucht, nicht nur, weil es

Mode war, sondern auch sinnvoll – so hatte die Clara doch nie das Verlangen, diese Begegnungen psychologisch zu prüfen. Nicht, weil sie befürchtete, in dunkle Abgründe ihres Wesens zu dringen, sondern weil sie diese Momente nicht in Gefahr bringen wollte durch Selbstanalysen oder Erkenntnisse wissenschaftlicher Art. Das blieb ihre Insel, ihr heimliches Eiland, ihr Naturschutzgebiet, das durch grelles Licht oder Psycho-Studien gestört worden wäre, und das wollte sie nicht. Zumal sie nichts Anstößiges fand an ihren Begegnungen mit dem schönen Apoll. Sie spürte vielmehr, was sie bisher versäumt hatte, etwas, das nicht unbedingt sein muss, das aber innen und außen und rundum bestens erfrischt. Wie exotisches Fruchteis oder wie Abreiben mit dem Melissengeist.

Man kann also sagen, die Clara hatte etwas dazu gewonnen im Leben. Ihre Kleidung war freier, sie akzeptierte auch Farben, erwarb einen Kleinwagen, fühlte sich wohl. Und immer öfter entglitt ihr ein Lächeln, ein heimliches Lächeln, das niemand verstand, das aber auf alle beruhigend wirkte. So dachten sich alle, der Clara gehtts gut und man muss sich nicht sonderlich kümmern um sie.

Aber der Clara ging es allmählich nicht gut. Denn diese Momente blieben zwar abrufbereit, wurden jedoch irgendwie blasser, sich rascher verflüchtigend, flacher. Und irgendwie schwand das Erfrischende, das sie früher gespürt hatte, innen und außen.

Und wenn die Clara jetzt nicht beschlossen hätte, was sie so plötzlich beschloss, so wäre ihr Leben zurückgeglitten in das Leben des Fräuleins, dem die heimliche Spur fehlt, die ein wenig abseits führt vom allzu geraden Weg, und die uns, wenn wir ihr ab und zu folgen, erst richtig den Weg zeigt, zu uns, wie wir sind und wie wir auch sein sollen, glauben Sie mir, auch wenn uns das oft überrascht. Und so sitzt unsere Clara jetzt endlich im Flugzeug und wartet auf Rhodos und den griechischen Gott, jenen zweiten Achill, dem sie sich hingeben wird, nicht als Opfer, sondern als Fest, als fröhliches Fest für sich selbst.

Was jetzt noch erzählt werden muss, ist rasch erzählt: Clara kommt an, bezieht ihr Hotel, packt Ihr Reisegepäck aus und geht an den Strand. Sie trägt ein Strandkleid mit Blumen, einen Sonnenhut und ein Buch. Drei Tage lang wandert sie dort, wo das Meer an den Sand spült, entlang, dort geht es sich besser, der Sand ist dort fest. Sie wartet drei Tage, betrachtet die Menschen, Touristen und Griechen, die Strandbuffet-Kellner und den Liegen-Kassier.

Am dritten Tag, gegen Abend, im Zimmer: Clara will eine Erfrischung, ein Soda-Zitron. Sie spricht in das Haustelefon, die Balkontür ist offen, der Abend ist warm. Der Kellner tritt ein, stellt den Drink auf den Tisch, nimmt das Trinkgeld und geht.

Und Clara weiß plötzlich: Das ist er! Der war es! Sie hatte genau das Gleiche gespürt, das Gleiche Erlebnis wie damals im Saal! Das leichte Taumeln, die beginnende Ohnmacht, das Schwanken des Raums, das Zittern der Luft.

Clara bleibt sitzen, bis das Brausen sich glättet. Sie legt sich aufs Bett, wartet bis zehn, steht dann auf, macht sich sorgfältig frisch. Dann schlägt sie das Betttuch zurück, breitet ihr Spitzenhemd aus, blickt in den Spiegel, lächelt sich zu.

Sie greift zum Hörer.

Clara wird eine Flasche Wein bestellen, schweren, griechischen Wein. Und sie wird zwei Gläser dazu verlangen, zwei Gläser! Das wird sie dem Fräulein sagen am Telefon!

Ich bin, denkt die Clara, ich bin die Clara. Ich bin die glückliche Clara!

Die Traumfrau

oder: Meine Reise ins Unglück

Jetzt bin ich schon beinah vier Wochen zu Hause und habe noch immer nicht Nachricht von ihr! Kein Brief, keine Karte, kein Telefonat! Und auch bei der Botschaft weiß niemand Bescheid. Doch dort ist sie sicher nicht lange geblieben, dort auf den Marquesas, den winzigen Inseln, auf denen sie plötzlich verschwand mit dem Hansen, der damals Masseur war an Bord der Regina.

Natürlich könnte ich sagen, dass Frauen so sind, und ich hätte mich eben geirrt. Doch will ich das nicht, ich kenne sie doch! Ich fürchte viel eher, man hat sie entführt! Der Hansen vermutlich, mit dem sie verschwand, der hält sie vielleicht auf den Inseln gefangen! Das gibt es, natürlich, das liest man ja oft. Und dort ist nur Wildnis, nur Wüste und Urwald. Und sicher kein Internet in der Luft.

Jetzt warte ich halt, sie muss sich ja melden, sie hat doch ihr Häuschen in Leesdorf bei Baden und auch diese Wohnung am Schafberg in Wien. Das heißt, für die Wohnung, da hab ich den Schlüssel, da halte ich Ordnung und lüfte gut durch. Ich zahle für Sie auch den Strom und die Miete und trage die Post und die Zeitung nach oben. Das Häuschen dagegen, das Häuschen in Leesdorf, das kenne ich nicht. Da war ich noch nie. Das war ja die Welt von Andrea als Frau! Das war streng getrennt, das ging mich nichts an, wir waren nur, wenn sie in Wien war, ein Paar. Und da war Andrea für alle der Mann. Und ich war die Frau, so komisch das klingt.

Vielleicht pack auch ich meine Sachen und gehe. Nach Florida etwa oder New York. Den Damen-Friseursalon kann ich sicher verkaufen, bei so vielen Stammkunden ist das nicht schwer. Und wenn ich im Ausland nicht leichtsinnig lebe, dann komm ich schon durch. Man braucht ja nicht viel, wenn man unglücklich ist. Und unglücklich bin ich noch lange, das weiß ich.

Verdammt noch einmal, wie das Leben so spielt: Viel umständlicher nämlich kann man kein Paar sein. Ich bin zwar ein Mann, doch spiel ich gern Dame, ich bin einfach schwul. Und sie, die Andrea, geht gerne als Mann. Nicht immer, doch immer bei mir hier in Wien. Und nicht, weil sie lesbisch ist oder pervers, sondern weil Frau sein »sie einschränkt!« Warum und wieso, das sage ich gleich. Doch will ich zuerst noch von damals berichten, von unserer ersten Begegnung in Wien.

Man zeigte im Hilton französische Mode, Gautier präsentierte die Herbstkollektion, ich hatte mich um die Frisuren zu kümmern und ging dann hinunter zum Gala-Buffet. Und sehe per Zufall die folgende Szene: Ein Herr steht im Vorraum, er sieht sich dort um. Dann kommt er zur Saaltür und möchte herein. Der Mann im Livrée, der den Eingang bewacht, sagt höflich, er möchte die Einladung sehen. (Das Modefest ist sehr exklusiv, die Karten sind teuer, man bleibt unter sich.) Da zieht sich der Herr mit Bedauern zurück, er hat offenbar keine Einladungskarte.

Kurz später bemerk ich, da wechselt die Aufsicht. Am Eingang steht jetzt eine wachsame Dame. Und wieder erscheint jener Herr an der Türe, doch diesmal energisch und ganz offiziell: Im Vorraum, da stünden noch halbleere Gläser, der Presse-Empfang sei doch längst schon vorbei! Man solle gefälligst die Ascher entleeren und Ordnung halten im Eingangsbereich! Das sei doch nun wahrlich mit Recht zu verlangen, in so einem Haus, bei dem Renommee! Dann tritt er mit Würde und Ernst in den Saal.

So eine Chuzpe, so eine Frechheit! Als ob er der Chef der Veranstaltung sei!

Ich muss leise lachen und wende mich ab. Doch da niemand sah, was ich eben bemerkt hab´, beobachte ich jetzt diesen Herrn aus der Ferne. Er ist klein gewachsen und weit über fünfzig, bewegt sich jedoch beinah jungenhaft-keck: Obwohl er hier eindeutig gar nicht geladen und offenbar keinem der Gäste bekannt ist, so plaudert er dennoch vergnügt mit den Damen und zeigt bei der Wahl am Buffet viel Geschmack. Und niemand bemerkt, was mir späterhin auffällt:

Ich steh´ in der vornehmen Herrento-
ilette – ich wasch mir die Hände und mache
mich frisch – da kommt auch der nämliche
Herr in den Vorraum, er blickt in den Spiegel
und prüft sein Gesicht. Ein wenig zu lange, zu
kritisch, so scheint mir, doch ziehe ich daraus
zunächst noch nicht Schlüsse.

Dann dreht er sich um und betritt die
Toilette. Und kurz darauf weiß ich: Der Herr
ist kein Herr. Weil nämlich der kräftige Strahl
bei den Frauen – ich bitte die lauschenden Damen um Nachsicht – viel voller ertönt in der
irdenen Muschel, als dies bei den älteren Männern der Fall ist. Und als dann der Herr vor
dem Spiegel bei mir steht, da sprech´ ich ihn
an: »Ich könnte mir denken«, bemerke ich leise, »Sie haben sich hier in der Türe geirrt…«

Andrea verstand und leugnete nicht: Ich
hatte ihr süßes Geheimnis entdeckt. Sie fand
das nicht peinlich und nicht irritierend, sie lachte nur schelmisch und stellte sich vor. Und ging
dann mit mir in den Saal zum Buffet.

So war die Andrea!

Meine Andrea.

Ich habe viel später die Fotos gesehen, die Bilder Andreas mit sechzehn und so. Sie war ganz gewiss keine Schönheit gewesen mit ihrer ein wenig zu fliehenden Stirn´ und ihrem fast männlich-energischen Kinn. Doch lachte sie herzlich auf jedem der Bilder und wirkte natürlich und fraulich und frisch. Und hatte, das sah man, den Schalk in den Augen: ein fröhlicher Kumpel durch dick und durch dünn.

So war es vermutlich nur Zufall und Fügung und nicht nur die typische Blindheit der Männer, dass niemals ein Mann sie zur Frau nehmen wollte. Deshalb blieb sie ledig, studierte Botanik, war bald Fräulein Doktor und lehrte in Baden. Und lebte zufrieden im Haus ihrer Eltern. Und träumte erst später, als Früh-Pensionärin, und nach dem ganz plötzlichen Tod ihrer Mutter, von bildenden Reisen nach ferne und nah. Denn Leesdorf bot nichts, was sie festhalten konnte. Sie hatte kaum Freunde und keine Verwandten, war nie bei Vereinen, ging abends nie aus. Und was man dort älteren Damen sonst zutraut, genügte ihr nicht: die Gartenberatung der Nachbarn zum Beispiel. Die Gratisbetreuung der Pfarrbücherei. Die Bio-Kochkurse für werdende Mütter. Die Blumengestecke am Himmelfahrtstag.

So plante sie Reisen, studierte Prospekte, verglich mit viel Sorgfalt Termine und Preis. Und wählte dann meistens recht spät und spontan. Und war dann fast immer frustriert und enttäuscht: Wie nämlich die Männer, zum Beispiel Chauffeure, den einsamen Frauen auf Reisen begegnen, behagte ihr nicht.

Natürlich, ich weiß schon, Sie werden jetzt sagen: Das ist doch gerade der Grund für die Frauen, weshalb sie im Alter so gerne verreisen. Da knüpft man Kontakte, da lässt man sich gehen, da wird viel getrunken, da fühlt man sich frei. Und trifft, wenn man Glück hat, auch jüngere Männer, die weniger wählerisch sind als zu Hause.

Mag sein, dass das stimmt, mag sein, das ist wahr. Doch stimmt das gewiss nicht für meine Andrea. Ich weiß nämlich etwa von ihr die Geschichte, wie sie mit dem Bus des Gewerbevereins die Reise nach Budapest mitgemacht hat. Unglaublich, wie damals die wenigen Männer, meist fettwanstig, glatzig, vom Trinken gezeichnet, sich dann bei der Rückfahrt aus Ungarn benahmen. Und traurig, wie gierig und dumm auch die Frauen, meist älter und einsam, voll Hoffnung und Sehnsucht, die schmutzigen Witze der Männer goutierten. Und als dann beim Rasthaus der Fahrer des Busses (»Das gibt's nicht, dass eine nicht will, wenn ich scharf bin!«) Andrea bis in die Toilette verfolgte, da schlug sie voll Tücke und Bosheit zurück: Sie heuchelte Zustimmung zu seinen Wünschen und streifte ihm stöhnend die Hose vom Körper. Und stürmte damit aus der Damentoilette und stopfte die Hose in's Fass mit dem Altöl. Dann lief sie zu einem der tankenden Autos und reiste per Anhalter weiter nach Haus. Und war dann für viele in Leesdorf ein Star.

Dieses und manches fast gleiche Erlebnis – so zeigte ihr einmal im Süden von Frankreich ein Nachtportier einfach sein Glied statt des Schlüssels – verdarben Andrea die Freude am Reisen. Nicht, weil sie vielleicht in moralischer Hinsicht zu prüde war oder allzu empfindlich, sie hatte ja durchaus Erfahrung mit Männern und lang mit dem dortigen Arzt ein Verhältnis. Was meine Andrea zum Umdenken zwang, das war ihre Rolle als ältere Frau!

Ein Mann geht im Alter, wohin es ihm Spaß macht. Doch geht eine reifere Frau in Lokale, in denen sonst jüngere Leute verkehren, so sagt man sich gleich: Die sucht nur Kontakt.

Ein älterer Herr, der sich jugendlich kleidet und modische Farben und Schnitte bevorzugt, gilt einfach als Typ. Wenn aber die ältere Frau sich so anzieht, dann lacht man sie aus.

Und schließlich und endlich, auch das muss man sagen: Ein Mann, der im Alter noch kann, ist »toll drauf«. Die Frau, die im Alter noch will, ist nur geil.

Das meinte Andrea und hatte nicht Unrecht. Und fügte dann locker und lachend hinzu: »Als Frau über 50, da wäre es besser, man wäre behindert und/oder pervers. Oder ein Strafentlassener oder ein Flüchtling. Denn Gruppen wie diesen begegnet Verständnis, da gibt es Vereine und Lobbys und Clubs. Für ältere Damen hingegen gibt's nichts. Nur Ghettos wie Pfarrrunden, Strickkurse, Tees. Und Busreisen in der Altweibersaison.«

Andrea war sicherlich keine Emanze. Sie meinte zwar, dass sie benachteiligt wäre als ältere, ledige, einsame Frau. Doch kämpfte sie nie für die Rechte der Frauen. Stattdessen verließ sie die eigenen Reihen und plante akribisch ein Leben als Mann.

Zu Hause natürlich, da war das nicht möglich. In Leesdorf bei Baden, da ging sowas nicht. Da blieb sie die ältere, freundliche Dame, die offenbar gut mit sich selber zurechtkam und deshalb auch keinerlei Anschluss begehrte. In Wien aber und dann besonders auf Reisen, da wurde sie fortan zum Dr. Andrea: Gepflegt und gebildet, humorvoll und offen, mit Zutritt, wo immer sie Zutritt begehrte. Sie ging in Lokale, sprach gern mit der Jugend, trank oft noch recht spät in der Jazz-Bar ein Bier. Und schlenderte nachher alleine nach Hause. Und wurde von niemandem jemals belästigt.

Man muss jedoch sagen, sie hatte es einfach. Zum ersten hieß nämlich Andrea Andrea, im Süden ein üblicher Name für Männer. Zum zweiten war ihre Figur nicht sehr weiblich. Sie hatte, zumindest im Alter, kaum Busen, und auch ihr Gesäß war nicht sonderlich breit. Und drittens besaß sie vor allem die Wohnung, geerbt von der Tante Ludmilla in Wien. Da hatte sie plötzlich ein zweites Zuhause, in Wien, in der Stadt, wo niemand sie kannte, mit Nachbarn, die keine Notiz davon nahmen, wer nebenan wohnt oder kommt oder geht.

Vielleicht wäre jetzt hier die richtige Stelle, um ihnen auch etwas von mir zu erzählen, damit Sie die herzliche Freundschaft verstehen, die mich und Andrea so lange verband. Wie war sowas möglich? Wie waren die Rollen? Wer dominierte? Als Mann oder Frau? Wie passte das mit dem Alter zusammen? Ich bin ja viel älter und sehe jung aus. Und schließlich und endlich, auch das will man wissen: Wie war das mit Eifersucht, Liebe und Sex?

Die Fragen sind wichtig, doch viel komplizierter, als das bei uns beiden im Alltag der Fall war: Wir waren ein Paar, das sich blendend verstand. Sex wurde versucht, geklappt hat es nicht. Zur Eifersucht gab es bei uns keinen Anlass, wir wussten, was jeder gelegentlich brauchte und was wir einander nicht anbieten konnten. Das war manchmal Thema, Problem war es nie.

So war das mit mir und mit meiner Andrea.

Verdammt noch einmal: Warum ist sie weg? Wie stellt sie sich vor, dass ich ohne sie lebe? Wie kann sie das alles so einfach vergessen, das Haus, ihre Rente, die Wohnung – und mich?

Der Hansen ist jung und ein Mann, ich verstehe schon. Doch muss sie ja irgendwann wieder erwachen, das ist doch nicht alles, die Lust und der Sex. Wir hatten doch auch sehr viel Spaß miteinander, als Mann oder Frau oder Frau oder Mann.

Sie können mir glauben, wir hatten es lustig, wir waren für alle das klassische Paar: bei Partys und Festen, Empfängen, Soireen, im Kino, Theater, Museum, Konzert. Und immer vom heimlichen Kribbeln begleitet, vom Spaß am Düpieren der Öffentlichkeit.

So lebten wir glücklich durch beinah zwei Jahre und hatten auch wirtschaftlich keine Probleme: Andrea besaß ihre Lehrerin Rente und schrieb manchmal noch für ein Reisejournal, ich hatte zwei junge Friseure beschäftigt und ging deshalb nur noch nach Tisch in den Laden.

Bis plötzlich Andrea der Übermut packte und ich mich aus Liebe zum Mit-Tun entschloss.

Am Anfang war alles noch rein theoretisch: Wir saßen am Abend bei ihr in der Wohnung, ich hatte gekocht und servierte den Sherry, sie las in der Zeitung und sagte dann plötzlich: »Das zeigt doch schon wieder die Rolle der Frau: Es gibt bei Verbrechen gewisse Bereiche, in denen sich ausschließlich Männer versuchen. Und diese Bereiche sind sehr lukrativ.«

Dann las sie mir vor, was sie so sehr bewegte: »Statistisch gesehen sind Banküberfälle die wirtschaftlich sinnvollste Art des Verbrechens. Sie haben die niedrigste Aufklärungsquote und bringen den Tätern den meisten Gewinn.«

Ich fand, das sei gut so und sollte so bleiben und brachte das Essen und bat sie zu Tisch. Doch kaum, dass wir saßen, begann sie von neuem:

»Warum soll das gut sein, wieso soll das

bleiben? Sie ist kaum zu glauben, die Dummheit der Frau! Die Männer kassieren die großen Beträge und halten das Risiko möglichst gering. Die Frauen dagegen begehen Verbrechen, die selten was bringen und meist gleich entdeckt sind: den Eifersuchtsmord. Den Diebstahl im Kaufhaus. Die Tötung aus Liebe. Die Schwarzfahrt im Bus. Von Bankräuberinnen jedoch hört man selten, das hab ich noch nie in der Zeitung gelesen. Als ob wir nicht auch ´Hände hoch!´ sagen könnten.«

Was soll ich erzählen, wir konnten. Und wie! Zwei Monate drauf, im benachbarten Ausland!

Ich sage nicht wo, ich sage nicht wann, ich sage nur, dass es sich ausgezahlt hat: 204.000 Franken! (Franken, nicht Euro.) Und dass die Methode, erdacht von Andrea, kriminaltechnisch sicher Geschichte gemacht hat. Weil niemand zuvor je so einfallsreich war. Und dennoch so einfach ans Werk ging.

Also gut, ich erzähl´ es:

Eine Dame betritt eine Bank. (Die Dame bin ich.) Sie bleibt nah beim Eingang und kramt in der Tasche. (Sie sucht nur ihr Sparbuch.) In diesem Moment stürmt ein Mann durch die Tür, er brüllt »Hände hoch!« (Der Mann ist Andrea.) Er drängt mich zur Seite und stürmt an die Kasse. Doch ich, ich beginne zu schreien. Da hebt er die Waffe und schießt mir ins Herz. Und tiefrote Schrecktinte färbt meinen Busen. Ich sinke zu Boden.

Jetzt wissen die Leute, wie ernst es ihm ist, dem schmächtigen Mann mit der tödlichen Waffe. Und jeder erstarrt und wird blass. So schnell hat tatsächlich noch keiner geknallt!

Und kein Mann am Schalter das Geld hergereicht!

Dann sichert Andrea in Ruhe den Rückzug, sie tritt an den Eingang - und ich springe auf. Und ehe wer etwas begreift, sind wir weg, verschwunden im Menschengewühl.

Mein Gott war das spannend. Und typisch Andrea. Voll Witz und Ideen, mit Charme und Humor. Denn ohne dem wäre das niemals geglückt!

Und in der Zeitung sind wir gestanden, in ganz Europa, hunderte Mal! Aber Andrea hat recht, wenn sie sagt: Man schneidet sich sowas nicht aus. Unter Umständen nämlich sei das ein Beweis. Doch wer soll beweisen, wenn niemand Verdacht hegt? Man sucht ja in Bern einen Mann mit Pistole, und nicht eine Frau! Und eine Frau als Komplizin und nicht einen Mann! Doppelt gemoppelt, zweifach verdreht!

Da kommt keiner drauf.

Wir haben uns dann in der folgenden Woche nicht mehr getroffen und nicht kostümiert. Dann sind wir getrennt nach New York und anderntags gleich auf das Schiff: Zur Weltumrundung mit der Regina. Natürlich auch unkostümiert, da sitzt man ja täglich am Pool! Und ihr steht der Bikini besser als mir.

Das war der Anfang vom Ende, jetzt habe ich alles erzählt.

Wer hätte sich das auch gedacht, dass sie mit dem Hansen was anfängt! Der Schuft ist nur hinter dem Geld her! Er glaubt wohl, Andrea sei reich – von wegen dem Moet Chandon jeden Abend – und halte sich mich als Geliebten! Da will er wohl einspringen, hat er gedacht.

Der Mann wird sich wundern!

Sie hat zwar das Geld für uns beide verwaltet. Doch dann, vor Marquesa, da war das zu Ende, da hat sie mich plötzlich bedrängt! Ich musste auf einmal das Geld übernehmen. Ich hab´ mir da anfangs nichts weiter gedacht. Doch wenn ich es jetzt so richtig bedenke...

War das eine Vorahnung, dass ihr was zustößt? War sie am Ende da selbst schon verliebt? Das würde gut passen zu ihr, dass sie schwindelt: Er soll sie gefälligst auch ohne Geld lieben!

Doch was mache jetzt ich, was soll ich jetzt tun?

Es ist von dem Geld ja noch immer viel da!

In Dollar und Euro und nicht mehr in Franken, wir hatten gewechselt, der Kurs war recht gut...

Mein Gott ist das schwer!

Was würden Sie tun?

Soll ich nicht wenigstens nochmals die Reise?

Als Trost, sozusagen, einfach als Trost! Ich hab´ sie ja gar nicht zu Ende genossen, die Hälfte der Reise ist einfach verfallen! Weil ich vor Schreck und vor Schmerz gleich zurück bin!

Und jetzt tut´s mir leid. Drei Monate Luxus, die Sonne, das Meer... Doch ohne Begleitung, als einsamer Herr?

Ist da vielleicht... hier im Saal... eine Dame,... eine Dame, die mit will?

Es ist noch genug von dem Geld da!

Richtig alt ist sehr vergnüglich

Meine sehr verehrten -- Damen!

Aus gegebenem Anlass, und inspiriert von so viel weiblicher Schönheit im Saal, vor allem aber auch deshalb, weil dieses Thema bisher in der Fachliteratur viel zu wenig Beachtung findet, erlaube ich mir, ganz ohne Eigennutz, eine kurze *Gebrauchs- oder Betriebsanleitung* darzulegen, die Ihnen, nur Ihnen, meine Damen, den *Umgang mit reiferen Herren* beträchtlich erleichtern soll. Also alles, was Sie so wissen müssen, falls Sie je vorhaben, oder falls es Ihnen geschieht, dass Sie sich einmal – wieder einmal, noch einmal, noch ein einziges Mal, ein letztes Mal? – in einen wesentlich älteren Mann verlieben. Was nämlich, wie ich kurz erläutern möchte, keineswegs so abwegig wäre. Denn sicher haben auch Sie bereits die Erfahrung gemacht: Männer sind, wenn überhaupt, meist erst recht spät, und erst, nachdem sie die notwendigen Breitseiten des Lebens abgekriegt haben, halbwegs brauchbare, mitunter sogar recht liebenswerte Partner.

Bitte erinnern Sie sich, meine Damen – mit Missfallen oder leider oft auch mit Vergnügen: Wie oft haben Sie schon Hoffnungen gesetzt in einen jungen, vielleicht sogar viel jüngeren Mann, wie lange haben Sie darauf gewartet, dass irgendwann einmal ein verständnisvoller, halbwegs sensibler Partner daraus wird, einer, der mehr Dimensionen hat, als nur die eine, die Sie anfangs sosehr an ihm schätzten! Und wie oft wurden Sie bitter enttäuscht.

Glauben Sie mir: Bei reiferen Männern hingegen passiert Ihnen so etwas kaum, da kann es allzu böse Überraschungen fast nicht mehr geben. Die hat nämlich längst eine Frühere ausgesessen!

Und so lehrt uns die Logik, die Psychologie und eine vielfältige, weltweit immer wieder bestätigte Erfahrung:

Alte, die super sind, bleiben meist super! Sie haben das Nötige schon abgekriegt, sie haben dazulernen müssen, sie haben kapiert - und meist akzeptiert. Das heißt: Sie brauchen ihre ganze Kraft nun endlich nicht mehr für sich selbst.

Wie wundervoll für eine Frau! Denn reife Männer wissen: Sie können einfach nicht mehr Karriere machen, nicht mehr schöner, reicher oder erfolgreicher werden, bedeutender oder wichtiger. Und sie gehen, wenn sie halbwegs klug sind, meist mit »kreativer Neugier« durch die Welt: Sie schauen endlich mit Interesse – und wenn nötig auch mit Nachsicht – wie die Welt denn wirklich ist. Und nicht mehr, so wie früher, wie sie sein soll.

Wie angenehm, wie angenehm müssen derart nachgereifte Männer doch für Sie sein, verehrten Damen, um wieviel angenehmer als die jungen! Denn solche Alten haben jetzt ihr ganzes Herz, ihr ganzes Hirn, und ihre ganze Zeit nur für Sie frei! Und beide Arme schließlich auch. Und das ist wichtig, wenn man Sie auf Händen tragen soll!

Karriere und Erfolg – was hat man da als Mann doch früher ständig damit Zeit vertan. Sein halbes Leben lang! Und Tag für Tag! Und oft noch in den Nächten! Wie schade drum! Jetzt aber wäre sowas einfach blöde, weil es jetzt nichts mehr zu verbessern gibt.

So muss der reife Mann sich nicht mehr um die Zukunft kümmern. Denn seine Zukunft, die ist jetzt! Sie glauben gar nicht, wieviel positive Energie das freisetzt! Man wird so leicht, so leicht, fast leichtsinnig, wenn man mich ließe...

Also es ist überhaupt nicht wahr, dass man im Alter altersgerecht leben muss. Ich muss den Körper, diese Hülle meines jugendlichen Geistes, weder altersgerecht kleiden noch ständig mit Senioren-Nahrung füttern, ich muss nicht dauernd Altersweisheit-Sprüche klopfen und mich auch nicht mit den Erinnerungen quälen: »Früher war ich wichtiger, früher war ich schöner, früher war ich geliebter, früher war ich so ein toller Hecht!« Das bringt nichts, langweilt, ödet alle an – und ist auch meist nicht richtig. Denn wer sogar im Alter langweilt, tat das immer. Nur haben es die Frauen damals nicht bemerkt.

Klingt logisch, nicht? Klingt überzeugend, leuchtet ein...

Und dennoch, dennoch: Wenn ich Ihr

verklärtes Lächeln sehe…

Ach ja, Sie haben sicher Recht: Junge Männer sind toller als alte. Ihr Körper, ihre Kraft, die Männlichkeit…

Aber erlauben Sie mir bitte eine letzte Frage: Gehen Sie wirklich mit Vergnügen – und vor allem, ohne sich danach zu ärgern – in Konzerte, in denen ein schöner, junger Künstler mit der wundervollsten Stradivari dieser Welt auf einer Bühne sitzt – und nicht zu spielen weiß? Weil er nicht genug geübt hat, nicht genug geliebt hat, wirklich geliebt. Und weil er bisher nicht genügend unglücklich war im Leben – über ein Mädchen, eine Frau wie Sie. Und weil er deshalb nicht so spielen kann, dass Sie auch morgen oder übermorgen oder sogar noch überübermorgen glücklich sind.

So ist es, glaube ich. Doch wenn Sie etwas Anderes meinen: Wir dürfen uns auch irren in der Liebe, Sie oder ich, oder ich oder Sie. Oder wir, wir beide, warum nicht gemeinsam, Sie und ich?